A

GEORGES LECLERC.

INAUGURATION DU MONUMENT

ÉLEVÉ A

GEORGES LECLERC

PAR SES CAMARADES,

6e COMPAGNIE, 1er BATAILLON, 3e LÉGION,

LE 6 AOUT 1848.

COMPOSÉ ET IMPRIMÉ, SOUS LA DIRECTION DE M. LANGE LÉVY,

PAR DES CAMARADES DE GEORGES LECLERC.

PARIS.

IMPRIMERIE LANGE LÉVY ET COMPAGNIE,

RUE DU CROISSANT, 16.

M DCCC XLVIII.

INAUGURATION DU MONUMENT

ÉLEVÉ A

GEORGES LECLERC.

———

Aujourd'hui a eu lieu, au cimetière Montmartre, l'inauguration du monument élevé par la 6e compagnie du 1er bataillon de la 3e légion à la mémoire de Georges Leclerc, tué dans ses rangs à la prise de la barricade de la porte Saint-Denis.

Il nous serait difficile d'exprimer tout ce qu'il y avait de touchant dans cette cérémonie. Toute la compagnie était en armes ; une députation de la garde nationale de Versailles, ayant à sa tête le préfet de Seine-et-Oise, M. Durand, et le colonel Horace Vernet, une députation de la garde mobile, des officiers des divers corps de la garnison de Paris, les maire et adjoints du 3e arrondissement, le général Perrot, accompagné d'officiers d'état-major, le colonel de Bar, avec les officiers supérieurs du bataillon, plusieurs officiers des diverses légions, M. Coade, représentant la compagnie des pompiers de Passy, que M. Leclerc père a commandée pendant vingt ans, et le concours d'un grand nombre d'amis de la famille qui étaient venus s'associer au deuil des camarades de Georges Leclerc.

Les discours suivans ont été prononcés. MM. de Chauny, capitaine commandant la compagnie ; Perrée, représentant du peuple, maire du 3e arrondissement ; Morin, de la députation de Versailles ; Durand, préfet de Seine-et-Oise ; Vital, membre du conseil municipal de Passy ; Gratiot, directeur de la papeterie d'Essonne ; le général Perrot ; Demoulin, garde national, et Barreswil, capitaine en 2e de la même compagnie, ont rendu successivement hommage à la mémoire de leur camarade et concitoyen.

M. DE CHAUNY,

Capitaine commandant la 6ᵉ compagnie du 1ᵉʳ bataillon de la 3ᵉ légion.

Un mois s'est écoulé alors que, au milieu des pénibles journées dont le souvenir est encore palpitant, nous amenions à sa demeure dernière notre camarade et ami Georges Leclerc, mort en combattant au milieu de nous.

Des sentimens de vengeance pouvaient alors germer dans nos cœurs; mais aujourd'hui, en présence de la sainteté du lieu, de cette tombe qui vient de recevoir la bénédiction du digne ministre de Dieu, nous ne devons éprouver d'autres sentimens que l'oubli du passé, le pardon pour des frères égarés, la justice pour les vrais coupables.

En élevant ce monument à ta mémoire, Georges, nous avons voulu la perpétuer ; mais, pour nous, ton souvenir sera toujours gravé dans nos cœurs, et l'acte de courage civique de ton père nous servira d'exemple et d'enseignement pour l'avenir.

C'est un dernier adieu qu'à ta tombe je viens faire au nom de la Compagnie, au nom de nous tous qui avons su apprécier la modestie de ton caractère, comme la noblesse de ton cœur.

En présence des citoyens honorables, Représentans du peuple, autorités civiles et militaires, de notre jeune garde mobile, d'une députation de ta ville natale venant te rendre un hommage aussi digne en s'associant à notre deuil, tu dois être fier, ami, d'être mort pour une cause aussi sainte que la défense de la famille et de la propriété.

Faible interprète de la douleur que nous avons tous

ressentie, reçois, en ce moment solennel, l'expression de nos regrets bien sincères. Adieu, Leclerc, adieu !...

M. VITAL,

Membre du conseil municipal de Passy.

Permettez-moi, Messieurs, de joindre ma faible voix à celle que vous venez d'entendre, pour adresser un dernier adieu au jeune héros que nous venons honorer dans sa tombe.

Habitant de Passy, où la famille Leclerc a laissé de si honorables souvenirs, je pourrais, en ma qualité d'ancien administrateur de cette commune, vous énumérer les actes de dévouement et de patriotisme que, en d'autres circonstances, Leclerc père a donnés à son pays; je m'en abstiens devant le trait héroïque dont vous avez été témoins, et qu'il paie si cher aujourd'hui par le sacrifice de son fils.

Je dirai seulement à ce digne et brave ami que Passy s'associe à sa douleur sur la mort si prématurée, si glorieuse, de son digne fils ! mais qu'il doit sécher ses larmes puisque cette mort et tant d'autres illustres!.... étaient nécessaires pour le triomphe de l'ordre et de la liberté, Dieu l'ayant voulu ainsi !

Adieu, jeune héros, va dans le ciel prendre place au milieu des braves morts pour la patrie! Et s'il nous reste encore des ennemis à combattre, à ton exemple nous saurons vaincre ou mourir ! Fasse le ciel que ce ne soit plus qu'à nos frontières !...

Adieu !

M. MORIN,

Officier de la garde nationale faisant partie de la députation de Versailles.

Citoyens,

Je suis un enfant de Versailles, et je ne voudrais pas quitter ce lieu de deuil et de regrets sans prononcer quelques mots devant le monument élevé par votre pieuse fraternité à Georges Leclerc, l'un de vos camarades, tué dans les tristes et mémorables journées de juin.

Permettez-moi de vous dire, citoyens, que vous avez eu une bonne pensée d'inviter à cette touchante et solennelle cérémonie une députation des autorités et de la garde nationale de Versailles. Elle s'est empressée de venir, et elle assiste, profondément émue, à l'hommage fraternel que vous rendez à Georges Leclerc, son compatriote, mort en combattant pour défendre la République, l'ordre et la liberté.

Je crois être ici l'interprète des gardes nationaux de mon pays, — de ceux qui n'ont pu se rendre à votre appel, — absens et présens, — tous, confondus dans une même pensée, nous vous offrons de cœur nos vifs et sincères remercîmens.

Je n'ai pas eu le bonheur de connaître Georges Leclerc ; je ne vous parlerai pas de sa vie privée, des qualités précieuses qu'il possédait. Mais vous, citoyens, vous l'avez connu, vous l'avez vu dans vos rangs ; c'était votre camarade, votre ami, et si je n'ai pu l'apprécier comme vous, il n'y a qu'une chose à dire pour moi, elle résume toutes les autres ; c'est que Georges Leclerc devait être un noble et digne cœur, c'est qu'il devait ressembler à son héroïque père : sa mort glorieuse le prouve, et l'estime et l'affection que vous lui portiez disent assez combien il était digne ; car elles vous ont fait ériger ce monument à sa mémoire.

Oui, citoyens, il a fallu des hommes comme lui, il a fallu ces élans énergiques, cette union, ce courage admirable, ce dévoûment et cette abnégation de tous les bons citoyens pour sauver la France de l'anarchie, pour faire triompher la sainte cause de la République.

Mais cette victoire, nous le savons tous, a été achetée au prix des plus douloureux sacrifices. On a vu des prodiges de valeur et de courage : mais, hélas ! ils laisseront dans les cœurs un éternel souvenir de regrets, car on songera que des frères se battaient entre eux, au lieu de s'aimer et s'entr'aider.

Pauvre Georges, noble martyr de nos discordes civiles, si quelque chose peut alléger la douleur de ta famille de t'avoir perdu, ce sera ce sentiment de nos sympathiques regrets, ce modeste tribut qu'on rend à ta mémoire, ce devoir fraternel que nous remplissons sur ton tombeau.

Je termine, citoyens, par ces quelques vers qui partent de mon cœur et qui trouveront un écho dans les vôtres ; et je dis à l'héroïque père de Georges :

> Nous nous inclinons tous devant ton stoïcisme,
> Devant tant de grandeur et de patriotisme.
>
> En lui donnant tes fils et ton sang tour à tour,
> La patrie en danger eut ton sublime amour.
>
> Notre admiration tendre et respectueuse
> Te dit : « Oh ! sois bénie, âme si généreuse. »

M. DEMOULIN,

Garde national de la 6e compagnie.

A GEORGES LECLERC.

Dans ce chaos sanglant de guerre et d'anarchie,
Dont aujourd'hui la France est enfin affranchie,
Que de Français sont morts en soldats valeureux !
Ceux-là n'aspiraient point à la gloire éphémère ;
Ils voulaient te sauver, ô France ! ô notre mère !
      D'un cataclysme affreux...

Et parmi ces martyrs d'une cause aussi sainte,
Qui dorment pour toujours dans cette froide enceinte,
Il en est un surtout dont le nom nous est cher !
Ne croyez pas qu'ici tout meurt et tout s'efface...
Non : dans nos souvenirs un nom a pris sa place :
      C'est celui de Leclerc !

Il est mort en héros, au printemps de la vie ,
A l'âge où la nature au bonheur nous convie,
A l'âge où le plaisir nous comble de faveurs ;
Et quand d'illusions l'existence fourmille,
Quand aux rêves dorés l'amour de la famille
      Ajoute ses douceurs !

Arrêtons nos regrets... amis, séchons nos larmes.
On n'est plus un mortel quand on meurt sous les armes.
La balle immortalise un soldat de vingt ans !
Quand de nobles lauriers on se tresse un suaire,
On ne regrette rien... de ce drap funéraire
      Les plis sont éclatans !

O généreux martyrs d'une cause héroïque !
En méritant deux fois la couronne civique,

Vous nous avez tracé notre devoir à tous.
Si l'anarchie un jour rallume sa furie,
Nous mourrons s'il le faut pour sauver la patrie !
Nous ferons comme vous !

M. A. GRATIOT,

Directeur de la papeterie d'Essonne.

Quand on a vingt-neuf ans à peine ; quand on est le juste espoir et le légitime orgueil d'un père, dont le cœur est trempé comme l'était le cœur des vieux Romains; quand on a tout ce qu'il faut pour aimer la vie et pour y être aimé; quand on est bon, généreux, intelligent ; — mourir, c'est triste.

Mais quand on meurt pour son pays, au premier rang, sur la première barricade, sous le premier coup de fusil de l'insurrection. devant la France qui vous regarde et qui vous crie : Merci! car le sang qu'on lui donne la sauve ; — mourir, c'est beau.

Ah! puisque c'est ainsi que tu es mort, Georges Leclerc, permets-nous de sécher nos larmes et d'étouffer nos sanglots ; car, à l'époque où nous sommes, quand les royaumes et les empires tressaillent de tous côtés sous les révolutions qui demain les engloutiront peut-être, ce sont des pensées graves qui doivent remuer le cœur de ceux qui vivent, ce sont des paroles graves qu'il faut prononcer sur la tombe de ceux qui meurent.

Tu nous as donné un grand exemple, Georges Leclerc. Du haut du ciel, où tu es monté en martyr, ne t'étonne donc pas si nous venons ici, recueillis et pieux, quand le bruit du combat a cessé, demander à ta tombe un noble enseignement, pour suivre ton exemple si le combat recommençait encore.

Car ce que tu as fait, Georges Leclerc, il faut que chacun de nous soit prêt à le faire à son tour. Car chacune des gouttes de sang que tu as répandues pour la France, nous a sauvé, à l'un un fils, à l'autre un père, à tous une famille, à tous une patrie, à tous la liberté !

Liberté, patrie, famille ; nos pères qu'on vouait à l'échafaud ; nos mères, nos sœurs et nos femmes qu'on vouait à l'infamie ; nos maisons qu'on désignait au pillage, nous les défendrons comme tu les as défendus.

Citoyens ! serrons-nous donc autour de cette tombe, et qu'en présence de ce père stoïque et de ces frères éplorés, au souvenir de ce pauvre jeune homme que la guerre civile a tué, une voix courageuse s'élève pour maudire la guerre civile, et flétrir ces fous dangereux, qui, après avoir, pendant quatre jours et quatre nuits, ensanglanté nos rues, osent encore lancer insolemment, du haut de la tribune nationale, le poison de leurs doctrines infâmes.

A cette heure solennelle où s'agite le salut de la France et l'avenir de la République, il importe que chacun puisse dire ce qu'il est, ce qu'il veut, où il va.

Nous qui savons ce que sont ces hommes, ce qu'ils veulent, où ils vont, voici ce que nous leur répondons à voix haute, en présence de cette tombe qui renferme une de leurs victimes :

Les insensés qui prétendent livrer notre belle France à l'incendie et au pillage ; les démolisseurs sauvages qui rêvent de déshonorer notre jeune République par le meurtre et par le vol ; les réformateurs vaniteux qui veulent, avec les promesses menteuses d'un socialisme barbare, pervertir le cœur des ouvriers, nos frères ; nous les combattrons sans relâche, sans miséricorde, dans la rue, dans l'atelier, partout ; avec la plume, avec la parole, avec le fusil !

France, nous te le jurons par le sang de Georges Leclerc qui est mort pour toi !

Georges Leclerc, nous te le jurons par le nom de la France, pour qui nous sommes tous prêts à mourir !

———

M. PERRÉE,

Représentant du peuple, maire du 3e arrondissement.

Citoyens,

C'est un devoir pour le premier magistrat de votre arrondissement de venir sur cette tombe payer la dette de la reconnaissance de la cité à la mémoire de celui qui a si courageusement péri pour sa défense.

Grace à son dévouement, grace à celui de ses compagnons de gloire et d'immortalité, la cause de la société, la cause de l'avenir a triomphé dans cette lutte sanglante.

N'est-ce pas là, citoyens, une pensée consolante bien propre à adoucir l'amertume de nos regrets? Ne comprenez-vous pas que ce n'est pas seulement un devoir que nous venons remplir en nous pressant autour de cette tombe, mais que ce sont aussi des inspirations de courage et de patriotisme que nous venons y chercher.

On nous disait que notre époque, que notre France était dégénérée ! Non ! citoyens, cette noble terre est toujours la patrie des grands cœurs et des nobles actions ; c'est en vain que nous chercherions dans d'autres temps et sur d'autres lieux un exemple plus éclatant de patriotisme et de dévouement. Nous ne pourrions rien trouver de plus simplement beau que le courage de ce malheureux père.

Quelles consolations peut-il attendre aujourd'hui ? Aucune, sans doute. S'il en est une cependant digne de son courage, digne de son patriotisme, n'est-ce pas ce témoignage éclatant d'universelle sympathie rendue à la mémoire de son malheureux fils.

Tous sans exception, et les délégués de sa ville natale, fière de lui avoir donné le jour, et ceux qui ont combattu à ses côtés et qui l'ont vu mourir, et l'armée et la garde nationale mobile, cette autre sœur de notre brave armée, personne n'a voulu manquer à cette triste cérémonie.

Adieu, Georges Leclerc ! adieu ! Pour toi plus que pour tout autre on peut prononcer la formule sainte : « Il a bien mérité de la patrie. »

Adieu ! Et si jamais la France, encore une fois menacée, demandait le secours de nos bras, nous invoquerons ton souvenir pour nous apprendre à mourir pour elle.

M. PERROT,

Général, chef d'état-major général de la garde nationale du département de la Seine.

Messieurs et chers Camarades,

Je n'ai pas eu comme vous le bonheur de connaître le citoyen Leclerc, que vous venez entourer ici de vos respects et de vos hommages; mais soyez-en bien convaincus, je n'en suis pas moins pénétré des sentimens que vous avez exprimés avec tant d'âme et de chaleur pour ce digne compagnon de vos dangers.

Soldat courageux de cette garde nationale de Paris, si brave, si dévouée, trop infortuné Leclerc, reçois les adieux de tes amis. Puisse la certitude de savoir ton nom et ta mémoire se perpétuer dans le souvenir de la 3e légion te rendre la terre légère; puissent nos larmes te convaincre des regrets que tu laisses parmi nous.

Adieu, noble et digne citoyen; repose en paix; nos prières ne te manqueront pas.

M. BARRESWIL,

Capitaine en second de la 6e compagnie, 1er bataillon, 3e légion.

Messieurs,

Je n'ai rien à ajouter aux éloquentes paroles qui ont été prononcées sur la tombe de mon généreux ami.

Mais c'est un devoir pour moi, au nom de sa famille, de ses amis, que vous avez tant honorés et si profondément émus, de vous dire combien ils sont sensibles à ces affectueux témoignages d'intérêt et de sympathie.

A ta dépouille mortelle, mon Georges, un dernier adieu !

Mais ton âme doit être satisfaite à la vue de tes camarades, de ton noble père, de tes frères dignes de toi, et de ces honorables citoyens se pressant autour de ta tombe.

Puisse le sacrifice de ta vie détourner à jamais de notre France, que tu as tant aimée, un fléau semblable à celui qui vient de la frapper.

Puisse un rayon de la Divinité dessiller les yeux de nos frères égarés, féconder en eux le germe de cette vraie fraternité qui doit nous unir tous, et raviver dans tous les cœurs l'amour de la patrie.

———

M. Leclerc père, appuyé sur ses deux fils, a supporté l'émotion des paroles touchantes qui ont été exprimées sur la tombe de son enfant avec un stoïcisme digne du courage dont il avait donné la preuve dans les néfastes journées de juin.

Avec les larmes, avec les derniers adieux de la garde nationale, de la garde mobile, de l'armée, de la piété, sont tombées sur la terre qui a enseveli les glorieux restes de Georges Leclerc, les bénédictions de la religion, représentée par le respectable vicaire de la paroisse de Bonne-Nouvelle. En restant près de la tombe qu'il venait de bénir jusqu'à la fin de la touchante cérémonie, il a voulu témoigner combien la religion s'associait elle-même au deuil de la mort de Georges Leclerc.

Cette cérémonie restera longtemps gravée dans le cœur de tous ceux qui y assistaient.

www.ingramcontent.com/pod-product-compliance
Lightning Source LLC
Chambersburg PA
CBHW071640030726
47598CB00005B/1953